Collection Les petits mondes

La ville

GRANDE SECTION

Thierry Laval

Avec la collaboration de
Marie-Françoise Mornet
Institutrice en maternelle

BORDAS

Nomme les différents véhicules.

Retrouve :
- le marché,
- le chantier,
- le parc,
- la piscine.

Où se trouve le chat perché ?

Dans

Trouve les deux personnages qui sont passés à la boulangerie.

On marche et on roule dans la ville : colorie les chaussures et les roues.

la rue

Pourquoi l'homme à la fenêtre fait-il une drôle de tête ?

Nomme les différents magasins que tu vois.

Attention voitures !

Barre d'une croix ✗ ce qu'il ne faut pas faire dans la rue.

Pour traverser une rue, il faut toujours marcher sur les bandes blanches qu'on appelle « passage pour piétons ».

langage écrit → Comprendre la relation d'ordre des lettres dans les mots.

Les mots de la rue

- Retrouve les mots cachés dans la grille.
- Colorie chaque mot d'une couleur différente.

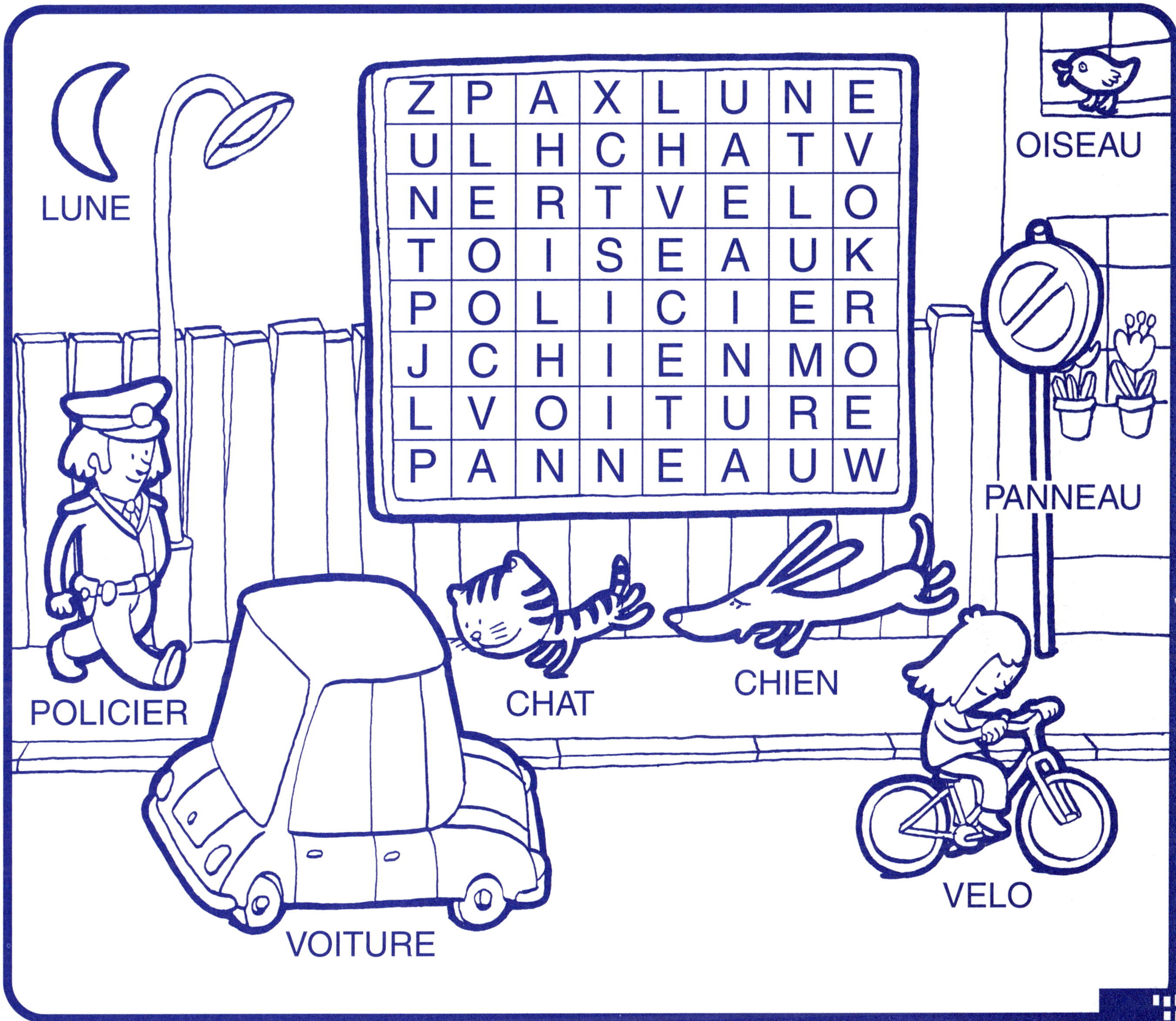

Z	P	A	X	L	U	N	E
U	L	H	C	H	A	T	V
N	E	R	T	V	E	L	O
T	O	I	S	E	A	U	K
P	O	L	I	C	I	E	R
J	C	H	I	E	N	M	O
L	V	O	I	T	U	R	E
P	A	N	N	E	A	U	W

La rue, avec ses panneaux, ses signaux et ses enseignes, c'est comme un gigantesque livre de lecture.

➜ Repérer différentes directions.

Le trottoir

Entoure d'une même couleur les piétons qui marchent dans la même direction. Montre celui qui ne traverse pas au bon endroit.

P'tit +

Dans la rue, fais attention à ne pas bousculer les gens et ne traverse jamais en dehors du passage pour piétons.

espace/temps → Se repérer dans un labyrinthe et tracer un itinéraire.

En route pour l'école !

Colorie toutes les cases où il y a un enfant. Puis trace le chemin du bus pour aller à l'école en passant par toutes les cases coloriées.

Dans le bus, tu peux appuyer sur un bouton pour signaler au conducteur que tu veux descendre au prochain arrêt.

Petites voitures et gros camions

Numérote de 1 à 4 :
- les immeubles selon leur hauteur,
- les voitures selon leur grosseur,
- les camions selon leur longueur.

1	2	3	4

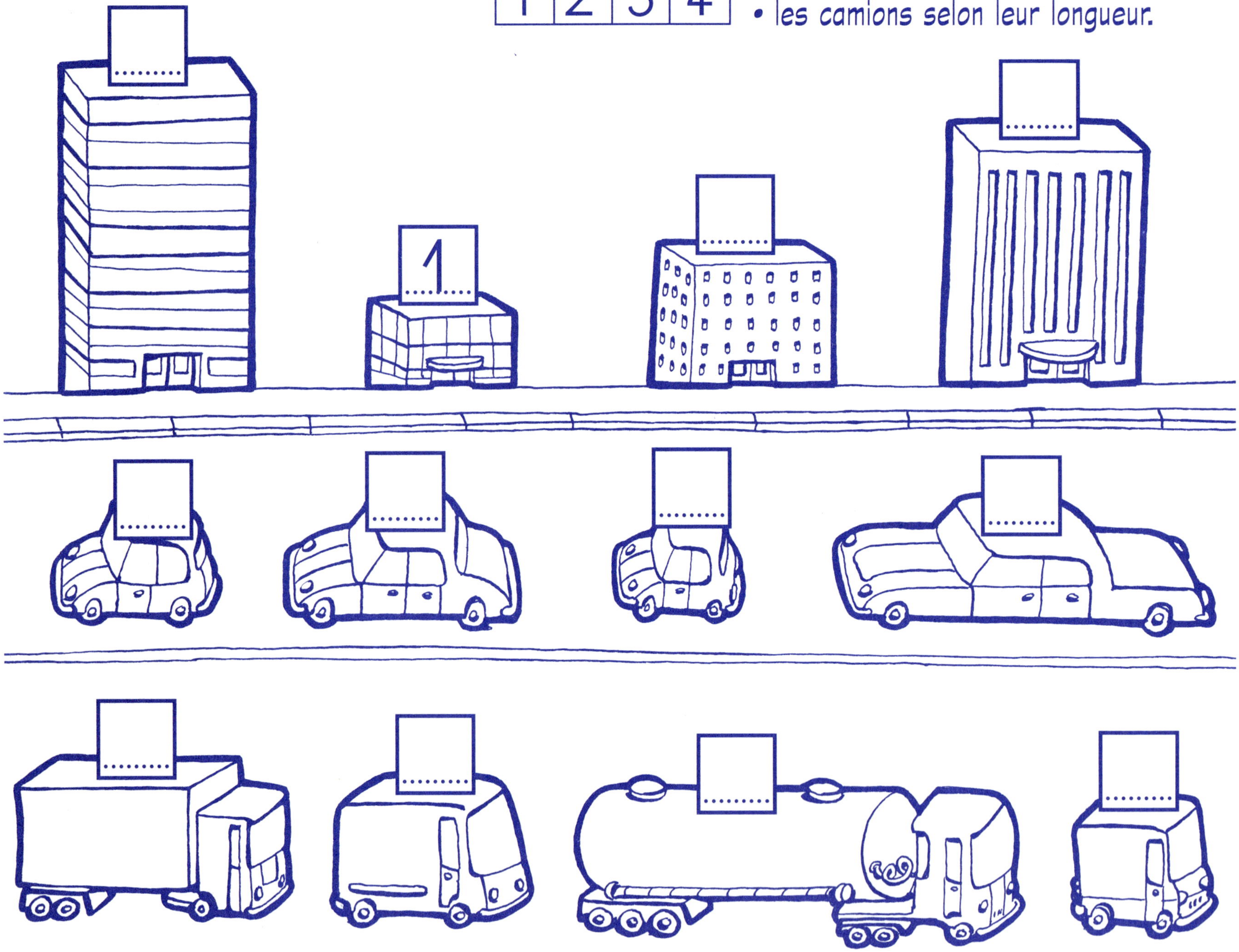

P'tit +

Les plus hauts immeubles du monde s'appellent des « gratte-ciel » ;
ils sont si hauts que l'on croit qu'ils touchent le ciel.

langage écrit → Reconnaître les deux écritures d'un même mot (scripte et cursive).

Voilà le facteur !

Écris sur chaque enveloppe le numéro correspondant à la bonne adresse.

Pour écrire à un ami, n'oublie pas de mettre son nom, le numéro de sa maison, la rue, le code postal, la ville. C'est ce qu'on appelle une adresse. Et quand tu as fini, colle bien le timbre !

Les

Trouve un pompier, un éboueur, un policier, un ambulancier, un garagiste, un conducteur de bus, un motard…
Où est le chat garagiste ?

métiers

Trouve le drôle de personnage
qui ne devrait pas être là.

À chacun son métier

Entoure d'une même couleur les éléments d'un même métier, comme sur le modèle.

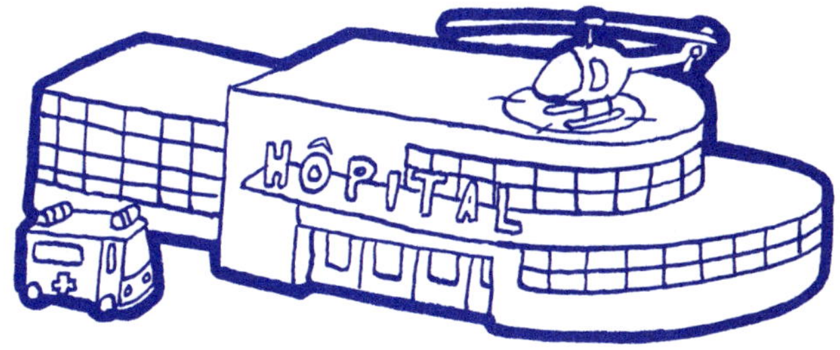

Pour appeler la police de toute urgence, il faut faire le 1 puis le 7 sur ton téléphone. Pour les pompiers, c'est le 1 puis le 8.

Au feu !

Complète les dominos pour amener l'eau dans les lances de chaque pompier.

En ville, la sirène des pompiers et celle de la police ne font pas la même musique.

À la poubelle !

Découpe les étiquettes et colle-les sur la poubelle correspondante.

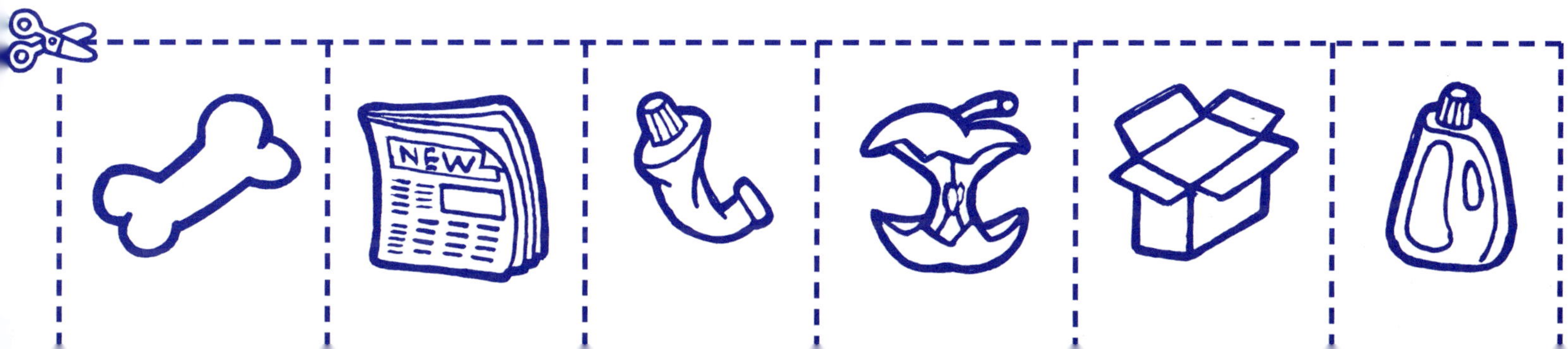

Monsieur Poubelle a obligé les gens à mettre leurs ordures dans des boîtes au lieu de les jeter directement dans la rue.

Bandes dessinées

Numérote chaque image de 1 à 4 dans l'ordre de l'histoire.

1	2	3	4

P'tit +

Quand tu attends le bus, fais un signe de la main au conducteur pour qu'il s'arrête.

langage écrit

➜ Faire correspondre l'écrit à l'image.

chez le garagiste

Reconnais et écris le mot sous chaque partie de la voiture (une lettre par case.)

_ _ F _ _ _

_ _ _ _ _ R

_ _ _ T _ _ _ _

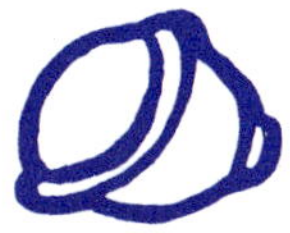

_ _ _ _ _

_ _ _ _ _ _

R O U E

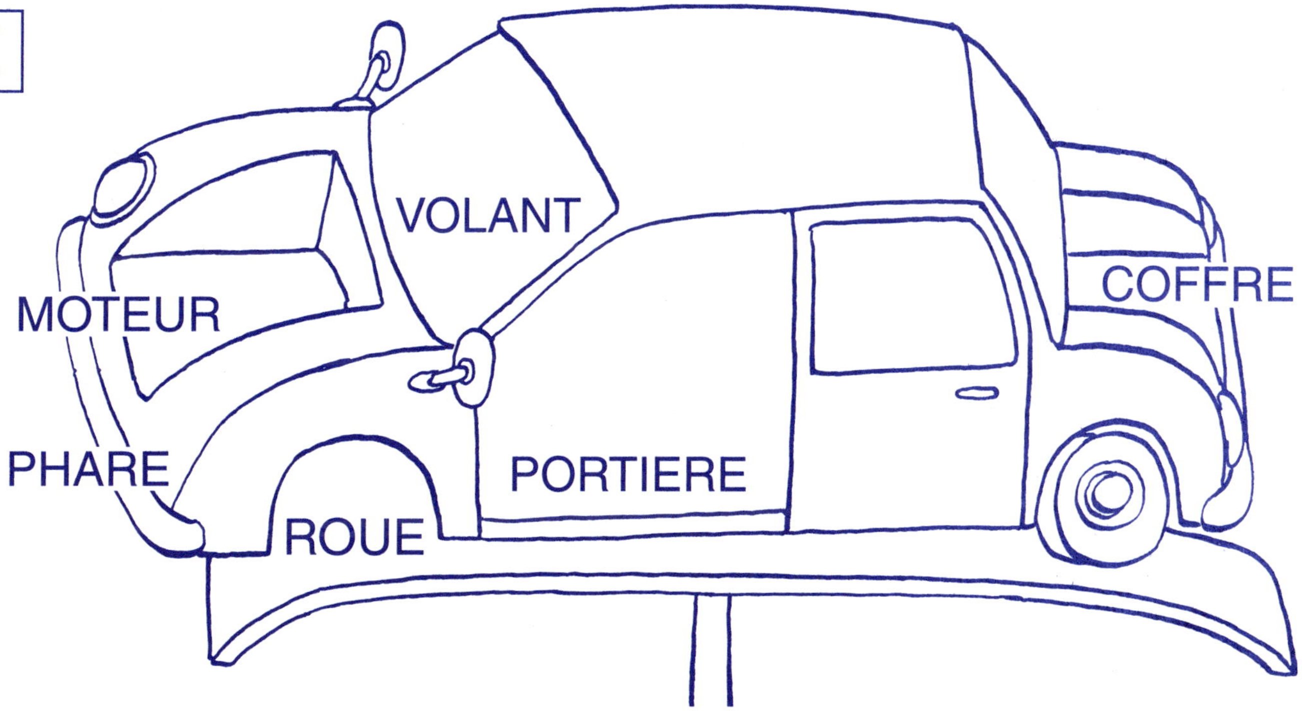

Quand les voitures ne peuvent plus rouler, elles sont écrasées et deviennent aussi petites qu'une valise.

Les

transports

Découpe et colle chaque étiquette à l'endroit qui convient.

Combien vois-tu de parapluies ? Tu peux les colorier de couleur différente.

Qui dois-je emmener ?

Trouve quelle personne le taxi doit prendre en suivant ce trajet :

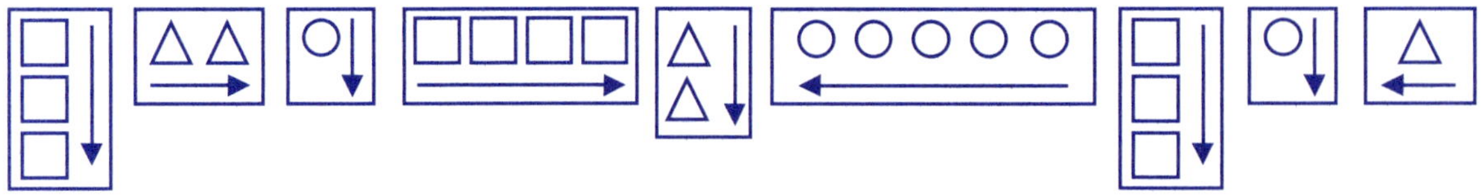

P'tit +

Le mot « taxi » existe dans plusieurs langues. Un taxi sert à transporter les gens qui n'ont pas de voiture et qui vont d'un endroit précis à un autre.

À la station-service

Barre d'une croix **X** les véhicules qui n'ont pas besoin de prendre de l'essence pour se déplacer.

Avant l'invention des voitures à moteur, on utilisait le cheval pour tirer une calèche ou une charrette.

À chacun son chemin

Continue de dessiner ce que tu vois en y ajoutant le véhicule correspondant.

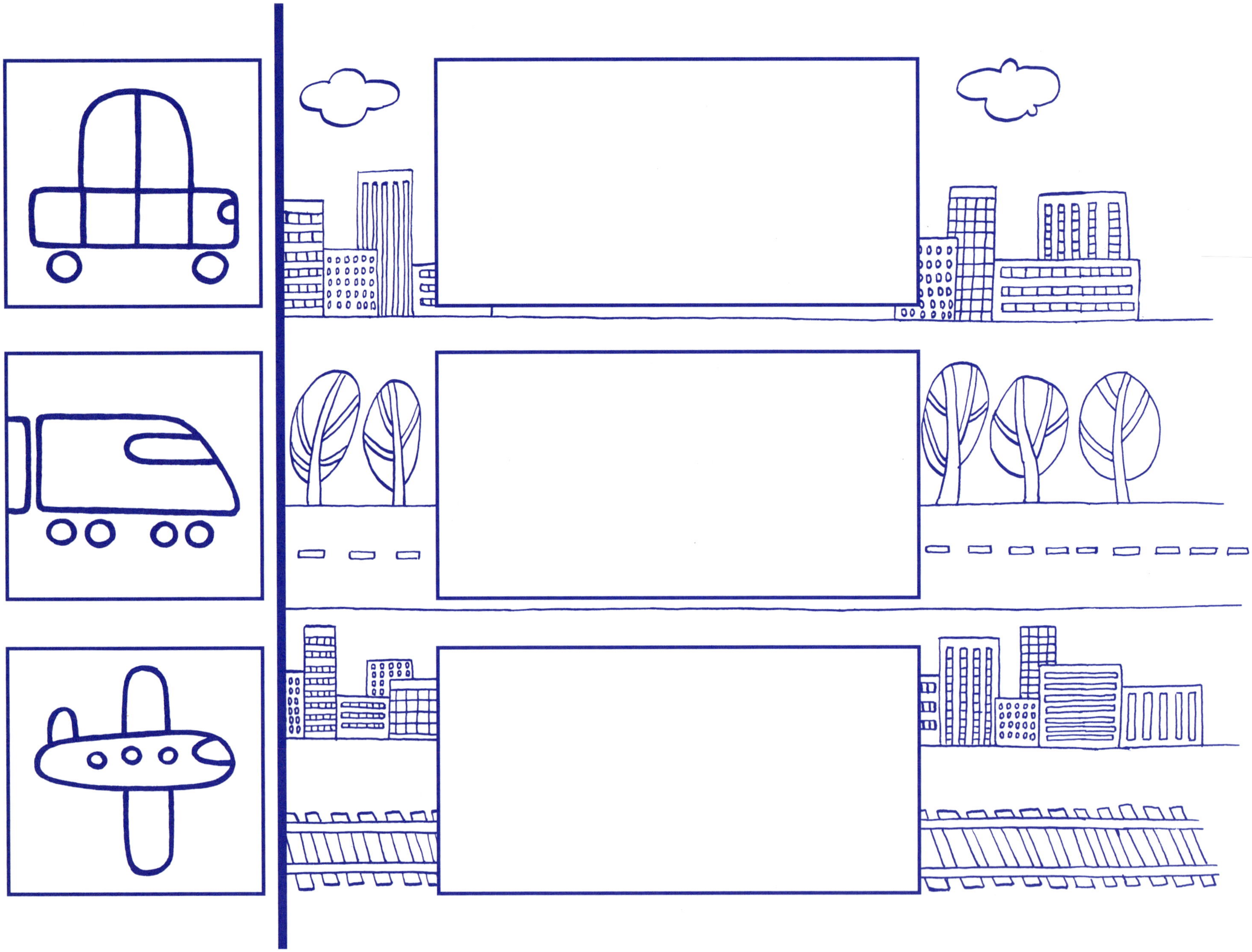

P'tit +

L'avion se déplace plus vite que le train, qui va plus vite que la voiture, qui va plus vite que le bateau.

Dans le métro

Écris sur la pancarte le nom de la station qu'indique Jérémie. Puis dis quel métro se dirige vers la station ARBRE.

On trouve le métro dans plusieurs villes. Le plus souvent, il roule sous la terre.

Le

Dis ce que vend chaque marchand.

Colorie tous les ballons.

marché

Monsieur Un et Madame Une

Relie chaque élément au panier correspondant.

Pour bien grandir, il est très important de manger un peu de tout.

Norbert Patapain

Écris sur chaque étiquette le nombre de pâtisseries que Norbert a vendues.

0	1	2	3	4	5	6	7	8	9

Pour faire du pain, il faut de la farine, de l'eau, du sel et de la levure.

numération → Savoir identifier différentes collections pour les dénombrer.

Les fleurs de Lucie

Compte les fleurs identiques dans le bouquet puis dessine le même nombre de fleurs dans le vase correspondant.

Quand on cueille des fleurs, elles ne restent belles que quelques jours car elles n'ont plus leurs racines pour boire l'eau qui est dans la terre.

Dédé la sardine

Finis la décoration
des poissons de Dédé.

Tu peux manger deux sortes de poissons : les poissons d'eau douce qui vivent dans les rivières et les poissons de mer.

langage écrit → Rechercher et écrire chaque lettre pour arriver au mot.

Aux bons légumes

Relie les lettres du plus petit au plus grand légume, puis écris le nom obtenu sur le cageot.

P'tit +

Il y a des légumes qui poussent sous la terre (les carottes) et d'autres qui poussent en dehors de la terre (les tomates).

Lili a fini son marché

Observe dans quel ordre Lili a fait ses courses puis retrouve son chemin en reliant les points entre eux.

Rien ne pousse en ville : les marchandises du marché viennent de la campagne, de la mer ou de la montagne.

Le

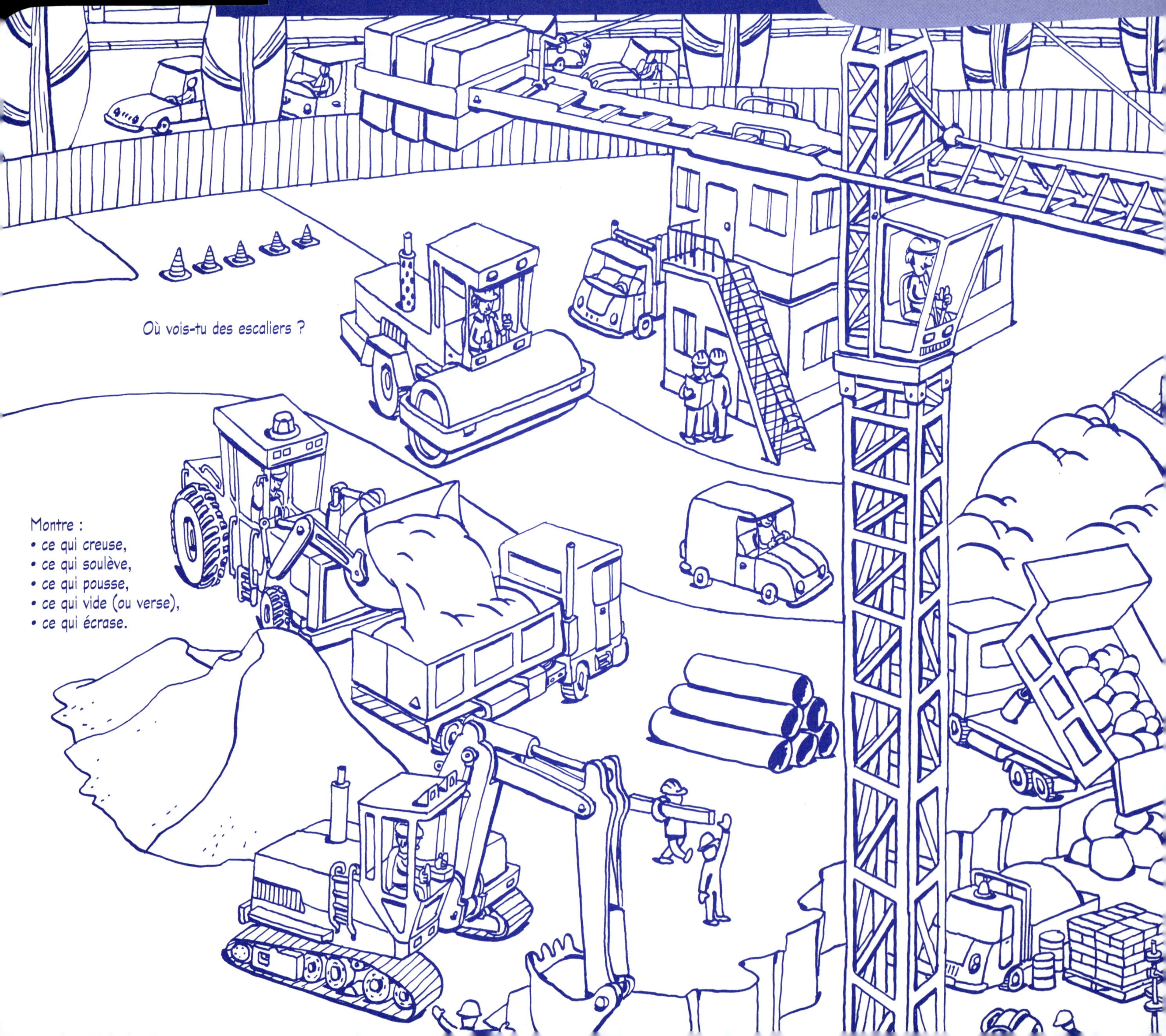

Où vois-tu des escaliers ?

Montre :
- ce qui creuse,
- ce qui soulève,
- ce qui pousse,
- ce qui vide (ou verse),
- ce qui écrase.

chantier

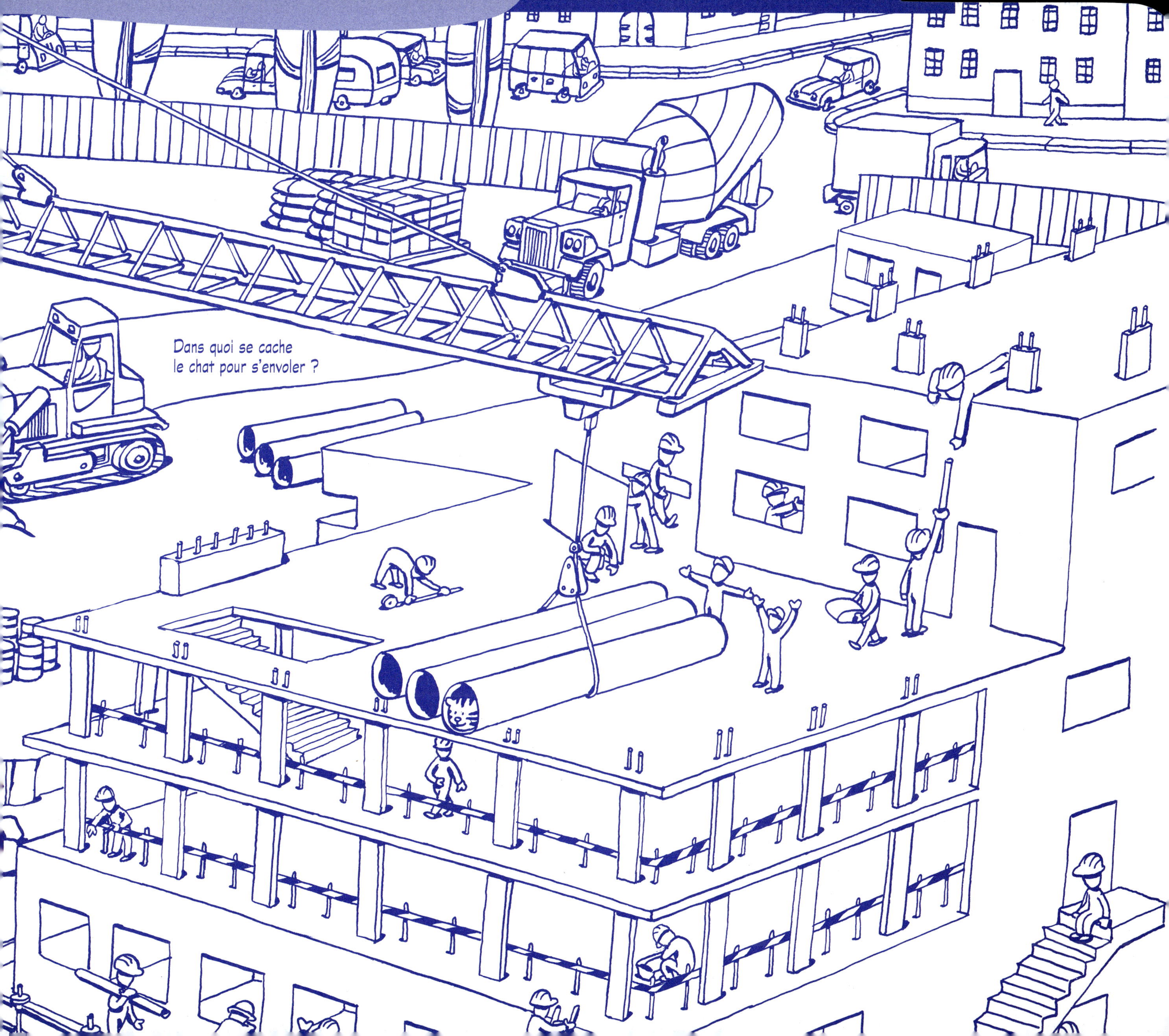

Des outils et des vis

Écris à côté de chaque vis
la lettre correspondant à l'outil.

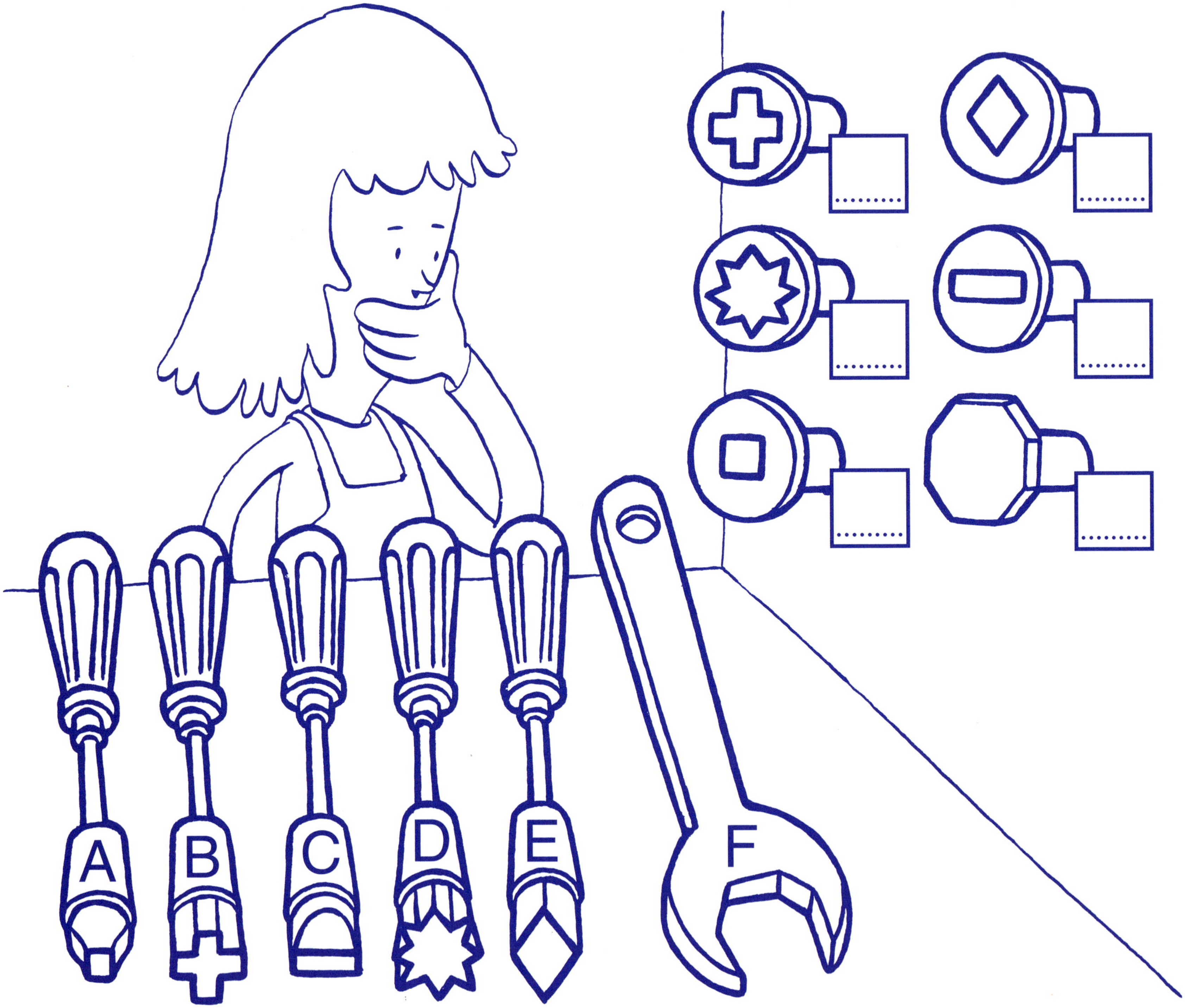

Quand on bricole, on tape, on visse, on tourne,
on perce, on coupe, on ponce…

Voici ma nouvelle maison !

Remplis les briques vides en respectant les motifs.

Les murs d'une maison peuvent être faits avec des briques, des pierres, du béton armé...

langage écrit → Comprendre le rôle de la lettre dans la composition des mots.

Sur l'établi

Reconnais chaque partie de l'outil puis écris son nom dans la grille.

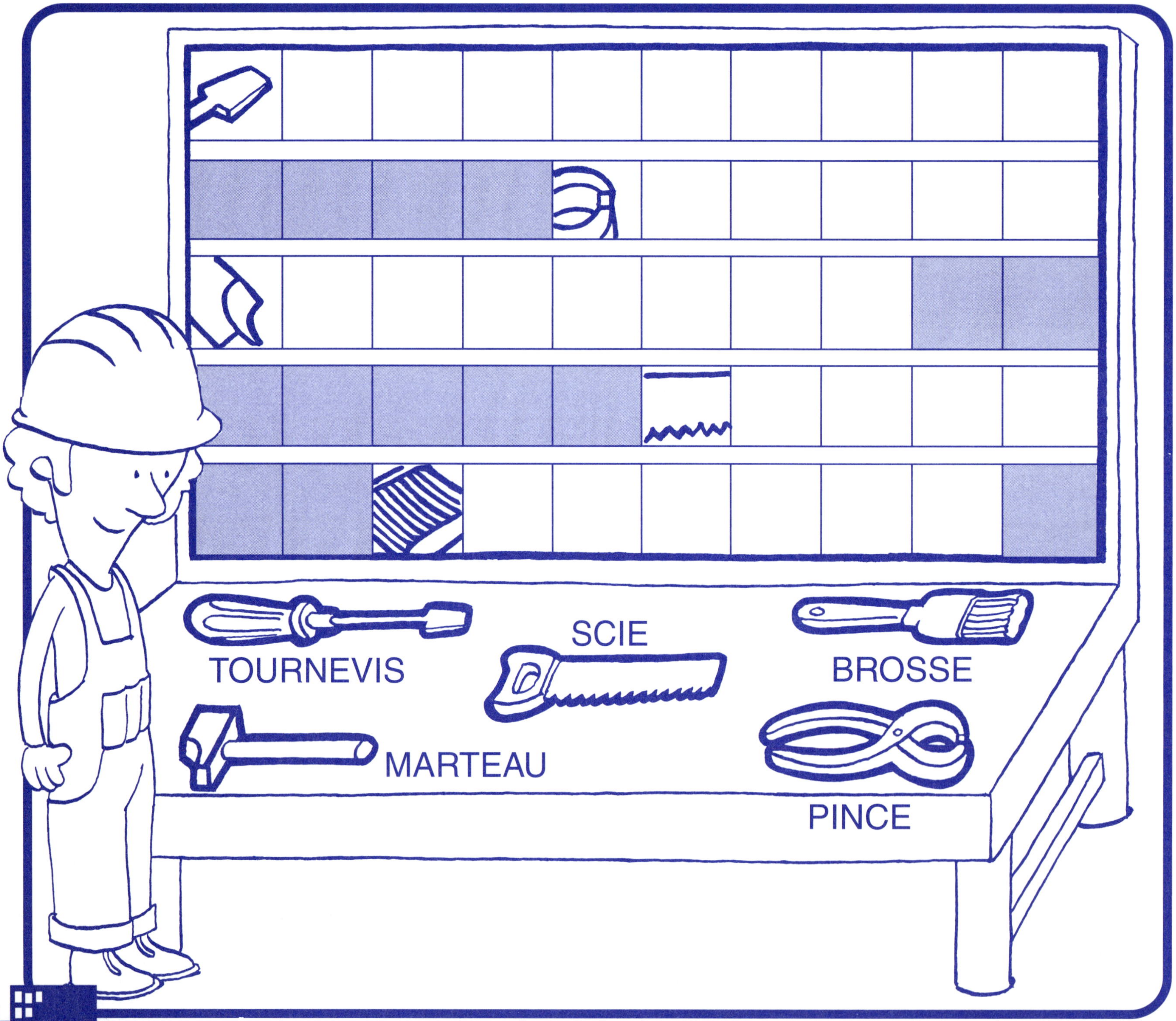

Sur un chantier, un ouvrier doit toujours porter un casque pour se protéger la tête.

Où est la bétonnière ?

Suis l'ordre des mots pour tracer le chemin de la brouette à la bétonnière.

BROUETTE → SABLE → CIMENT → PELLE → EAU

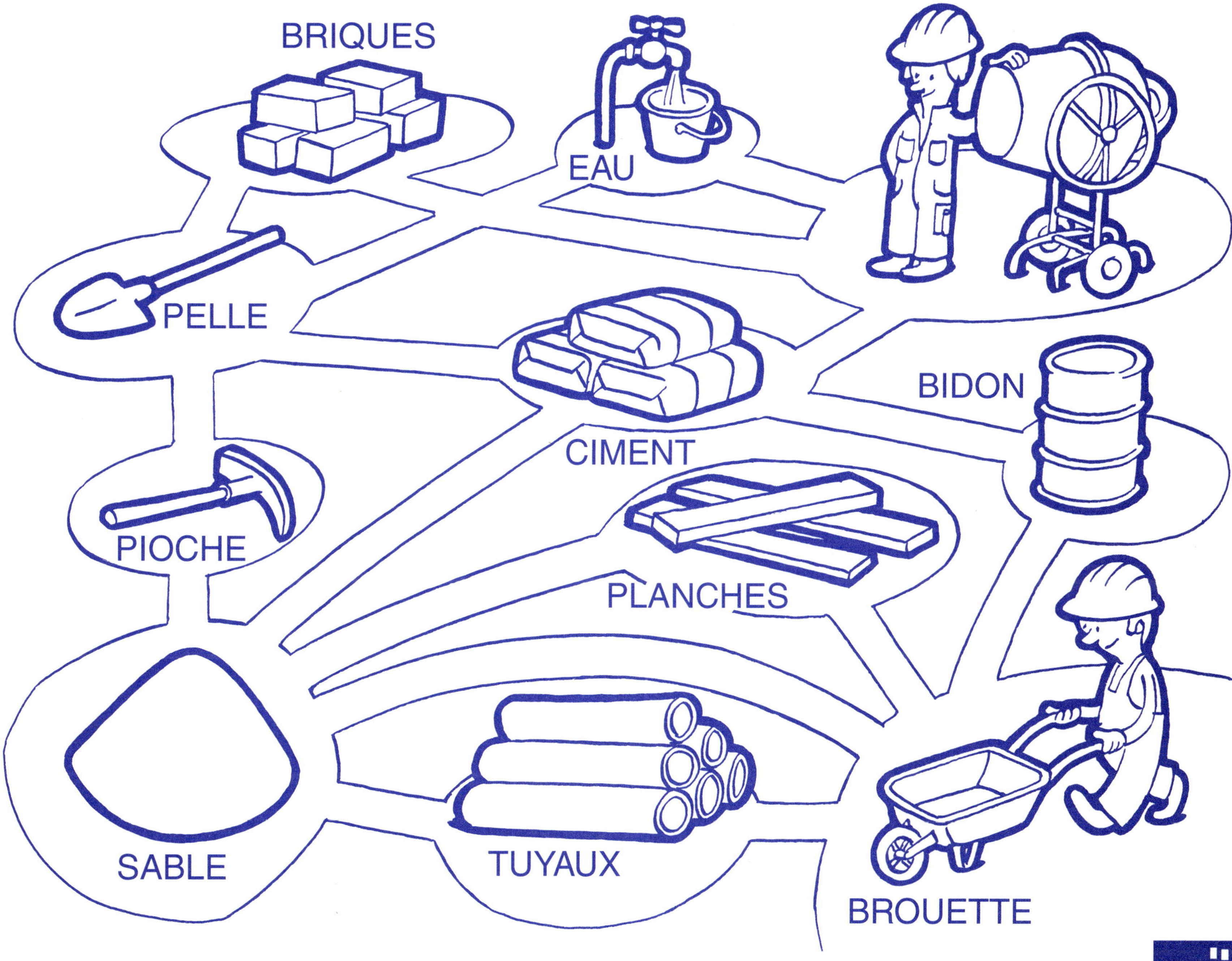

Le ciment sert à coller des briques ou des pierres ensemble.

Le

Qui est l'intrus
dans la cage des fauves ?
Retrouve l'animal qui
s'est échappé du cirque.

parc

Nomme tous les animaux du cirque.

Qui veut des glaces ?

Dessine dans chaque main le nombre de pièces de ① euro dont a besoin chaque enfant pour acheter ce qu'il veut.

Quand l'eau est très très froide, elle devient dure : on appelle cela de la glace.

 → Aborder des notions spatiales en utilisant un code de coloriage.

Tous à l'eau !

Colorie les ronds :
- en rouge quand le personnage est sous l'eau,
- en bleu quand il est sur l'eau,
- en vert quand il est au-dessus de l'eau.

On ne peut pas rester très longtemps sous l'eau car il n'y a pas d'air pour respirer.

activités logiques → Repérer des indices pour mettre en relation des objets.

Max le magicien

Aide Max à retrouver les deux moitiés de chaque personnage en coloriant de la même couleur les boîtes qui vont ensemble.

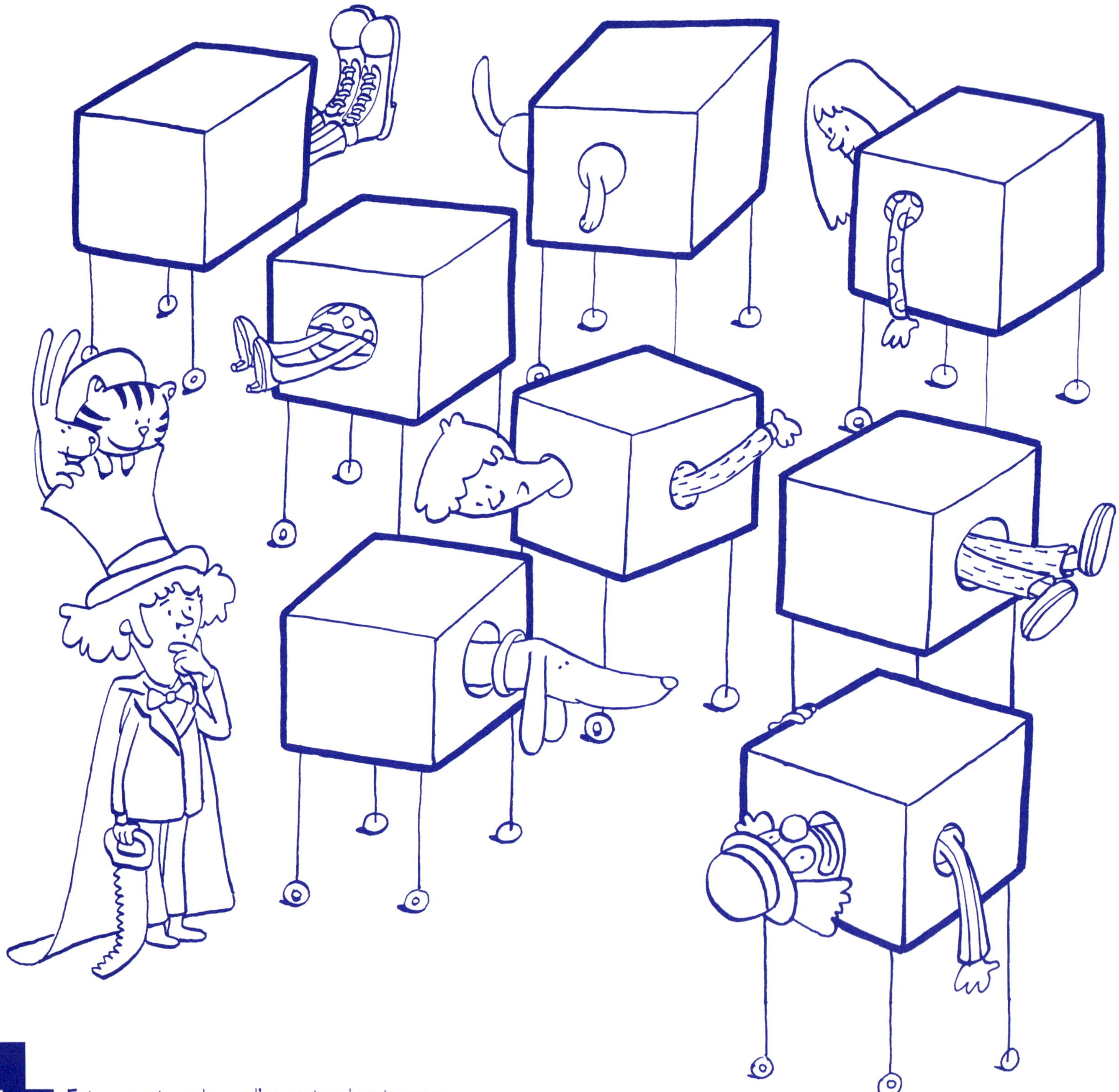

P'tit +

Est-ce que tu crois que l'on peut vraiment couper quelqu'un en deux ?

Le jongleur

Relie les points dans l'ordre de l'alphabet pour découvrir avec quoi jongle le clown.

A	B	C	D	E	F	G	H	I	J	K	L	M	N	O	P	Q	R	S	T	U	V	W	X	Y	Z

Dans un cirque, il y a souvent deux clowns : le clown blanc habillé tout en blanc et le clown auguste avec des vêtements de toutes les couleurs.

langage écrit → Repérer des lettres et les écrire dans un quadrillage.

Le dompteur a peur

Complète la grille par la lettre manquante de chaque mot.

Puis recopie ces lettres dans l'ordre pour découvrir l'animal qui fait peur au dompteur.

					......	I	N	G	E			
P	H	O	Q	U	......							
					......	E	N	A	R	D		
		L	O	U	......							
					......	L	E	P	H	A	N	T
		L	I	O	......							
					......	I	G	R	E			

......	......	......	......	......	......	......

→

P'tit + Les gens du cirque se déplacent et habitent dans de grandes caravanes qui ressemblent à des appartements roulants.

→ Reproduire un motif graphique.

Ça tourne !

Complète les décorations du manège.

Un manège se monte et se démonte ; les fêtes foraines se déplacent de ville en ville, comme les cirques.

espace/temps → S'orienter dans un ensemble complexe.

Méli-mélo

Trouve à qui appartient chaque chien en coloriant sa laisse d'une couleur différente.

P'tit +

Dans une ville, il faut respecter certaines règles : par exemple, il faut tenir son chien en laisse pour éviter qu'il ne coure partout.